Textes : Anne-Sophie du Bouëtiez
Illustrations : Aurélie Abolivier

18, rue Barbès – 92120 Montrouge
Dépôt légal : janvier 2016
Tirage : juillet 2016
ISBN : 978-2-7470-6059-2

Loi n° 49-956 du 16 juillet 1949 sur les publications destinées à la jeunesse.
Imprimé en Chine.

Texte d'Anne-Sophie du Bouëtiez
Illustrations d'Aurélie Abolivier

La communion, le repas des chrétiens

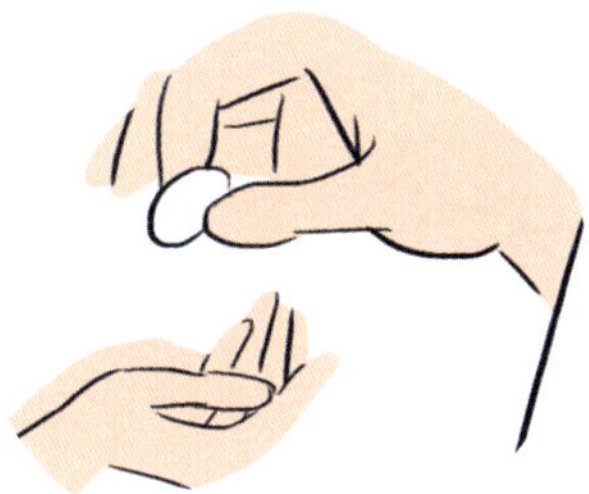

bayard jeunesse

Dès le début de la Bible, le livre qui raconte la rencontre entre Dieu et les hommes, il est écrit que Dieu parle aux hommes et qu'il les nourrit.

En voyant comment Dieu prend soin de lui,
son peuple a confiance et avance.
En effet, pour vivre, les hommes ont besoin
de manger et d'être aimés.

Comme le Dieu de Moïse nourrit son peuple,
son fils Jésus Christ nourrit ses disciples, les chrétiens.
Lors de son dernier repas, avant de mourir sur la croix,
Jésus a voulu se donner lui-même en nourriture
à ses amis. Et il leur a demandé de refaire ce repas,
en mémoire de lui.

Depuis, chaque dimanche, les chrétiens se réunissent
pour prier, chanter et partager le pain de Jésus.
Ce pain, c'est Jésus lui-même qui nous invite à partager
sa vie et à aimer comme lui.

Dieu nourrit son peuple

« Je vous prendrai avec moi :
vous serez mon peuple, et je serai votre Dieu. »

(D'après l'Exode, chapitre 6, verset 7)

Dieu libère son peuple

Au temps de Moïse, le peuple hébreu était esclave des Égyptiens. Mais un jour Dieu dit à Moïse : « Moïse, j'ai entendu mon peuple, et je veux le délivrer. Va demander à Pharaon de le laisser partir. »

Mais Pharaon refusa. Alors Dieu décida de libérer lui-même son peuple. Il dit : « Cette nuit, je vais vous libérer. Avant de partir, vous mangerez un agneau rôti et des pains sans levain. Vous les mangerez à la hâte, debout, les sandales aux pieds. »

Cette nuit-là, pour les Hébreux, l'agneau et le pain avaient un goût de liberté. Ils n'oublièrent jamais ce que Dieu avait fait pour eux.

Dieu redonne confiance à son peuple

Le peuple de Dieu, enfin libre, marchait
dans le désert. Mais tous avaient faim,
et ils commençaient à protester :
« Nous étions mieux en Égypte, finalement.
Au moins, nous avions à manger. »

Alors Dieu dit à Moïse : « Je vais faire
pleuvoir du pain pour vous. »
Et, au matin, quelque chose de blanc
et fin comme du givre recouvrait la terre.
C'était la manne. C'était bon comme
des beignets au miel.
Et, tous les matins, il en pleuvait de nouveau.

Les Hébreux reprirent leur route dans le désert :
Dieu était vraiment là pour eux, ils pouvaient
compter sur lui.

Manne

En voyant ce
givre au goût
de miel,
les Hébreux
s'écrièrent :
« Man-hou ? »,
ce qui signifie :
« Qu'est-ce
que c'est ? »
C'est pourquoi
on appelle
ce pain de Dieu
la manne.

Le peuple de Dieu se souvient

Chaque année, à Pessah, la Pâque juive,
les juifs se souviennent de ce que Dieu
a fait pour les Hébreux au désert.
Les familles se réunissent autour d'un bon repas.
Chaque aliment rappelle la sortie d'Égypte
du peuple hébreu.

Le chef de famille prend un pain sans levain,
qu'on appelle pain azyme, il le bénit et le partage.

En mangeant ce pain, chacun se souvient
que Dieu a rendu son peuple libre.

Juifs

La religion des juifs s'appelle le judaïsme. Comme les chrétiens, les juifs croient au Dieu de Moïse, mais ils n'ont pas reconnu en Jésus Christ l'Envoyé de Dieu.

Pessah

En hébreu, « pessah » signifie passage. On pense que cette fête porte ce nom parce que Dieu a fait passer son peuple de l'Égypte au désert, de l'esclavage à la liberté.

Jésus aime

partager son repas

***« Moi, je suis le pain de la vie.
Celui qui vient à moi n'aura plus jamais faim. »***

(Évangile selon saint Jean, chapitre 6, verset 35)

Jésus change l'eau en vin pour la fête

Un jour, Jésus est invité à un mariage
au village de Cana, en Galilée.
Pendant le repas, on s'aperçoit
qu'il n'y a plus de vin.
Jésus dit alors aux serviteurs
d'aller puiser de l'eau.
Quand ils la servent aux invités,
l'eau est devenue un vin délicieux !

Ce vin est encore meilleur que celui
qui a été servi au début du repas.
Le repas auquel Jésus nous invite
est festif, joyeux et généreux !

Jésus partage son repas avec les exclus

Jésus traverse la ville de Jéricho,
entouré d'une foule immense.
Zachée, un homme de petite taille,
a très envie de voir qui est ce Jésus,
alors il grimpe sur un arbre.
Jésus le voit et lui dit :
« Zachée, descends, aujourd'hui il faut
que j'aille demeurer chez toi ! »

Zachée n'est pas bien vu, car il aide les Romains,
ennemis du peuple hébreu, en ramassant
pour eux des impôts. Pourtant Jésus tient
à partager son repas avec lui.

Jésus est venu d'abord pour les exclus
et pour tous ceux qui désirent changer leur cœur.

Jésus nourrit une foule avec quelques pains

Un jour, Jésus est au milieu d'une foule immense.
Il leur parle de Dieu, son Père.

La nuit vient, et les gens commencent à avoir faim.
Jésus pourrait les renvoyer, mais il désire les nourrir, tous.
Avec quelques pains et un peu de poisson, il les rassasie.

Ceux qui écoutent Jésus ont une énorme faim : de nourriture, mais aussi de paroles qui réchauffent le cœur. Le repas que Jésus leur offre annonce quelque chose d'extraordinaire : bientôt, il va offrir à ses disciples un pain qui donne la vie.

Jésus se donne lui-même

« C'est un exemple que je vous ai donné afin que vous fassiez, vous aussi, comme j'ai fait pour vous. »

(Évangile selon saint Jean, chapitre 13, verset 15)

comme nourriture

Jésus lave les pieds de ses apôtres

Avant d'être condamné à mourir sur la croix, Jésus partage un dernier repas avec ses amis.

Soudain, il se lève, prend un linge, remplit une bassine d'eau et se met à leur laver les pieds. Les apôtres sont choqués : c'est aux serviteurs de faire ça ! Jésus leur explique : « Vous m'appelez Maître et Seigneur, et je vous ai lavé les pieds comme un serviteur. Faites de même : soyez des serviteurs les uns pour les autres. »

Par ce geste, Jésus veut faire comprendre à ses amis qu'aimer, c'est faire des efforts, se donner du mal pour les autres.

Apôtres

Les apôtres sont les amis que Jésus a choisis pour être avec lui. Ils sont douze.

Pourquoi les pieds ?

À l'époque de Jésus, les chemins étaient pleins de poussière, et l'on marchait souvent pieds nus. Quand on était invité chez quelqu'un, un serviteur vous lavait les pieds, en signe de respect mais aussi parce que c'était agréable et rafraîchissant !

Jésus partage le pain et le vin

Pendant ce dernier repas qu'il partage avec ses apôtres, Jésus prend du pain, il le bénit et leur dit :
« Prenez, mangez, ceci est mon corps. »
Puis il prend une coupe, remercie Dieu et dit :
« Prenez, buvez-en tous, car ceci est mon sang qui va être versé pour vous. Vous ferez cela en mémoire de moi. »

Les apôtres ne saisissent pas encore le sens des paroles de Jésus.

Après sa résurrection, ils comprendront que, sa vie, Jésus l'a toujours donnée : dans ses paroles, dans ce pain, sur la croix.

Du pain et du vin

Le pain et le vin sont deux choses qui font vivre l'homme : le pain rassasie et le vin évoque la fête. Pour vivre, nous avons besoin de manger et d'être heureux. Pour avoir la vie de Dieu en nous, nous avons besoin de recevoir Jésus.

Les chrétiens revivent

« Faites cela en mémoire de moi. »
(Évangile selon saint Luc, chapitre 22, verset 19)

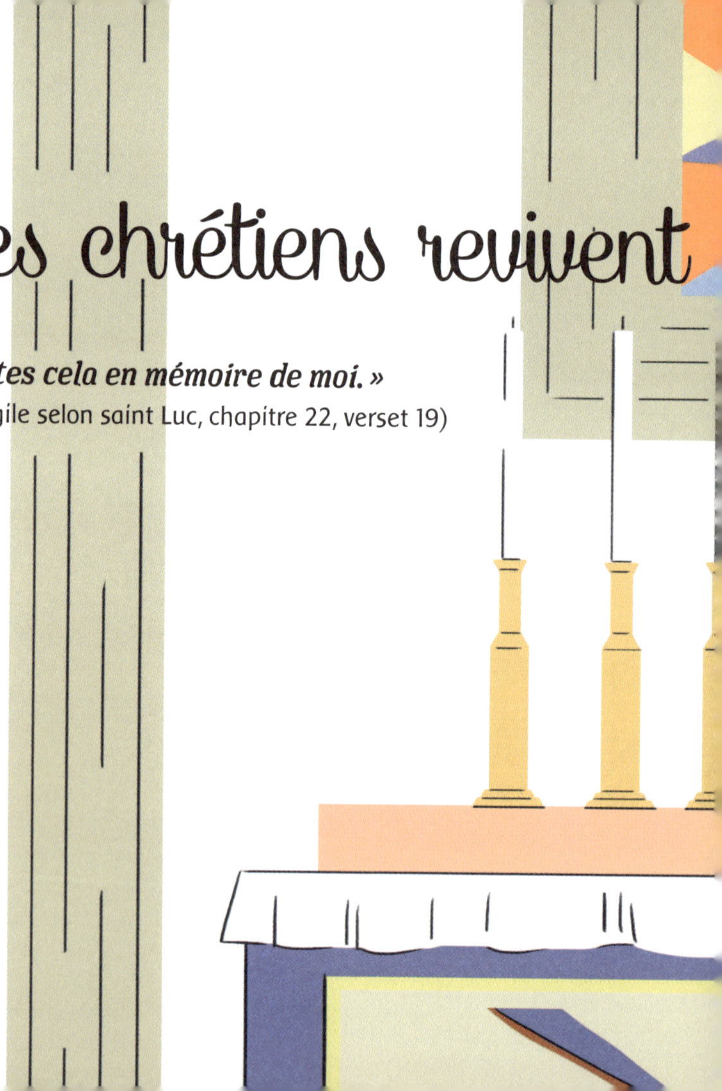

le repas de Jésus

Les premiers chrétiens partagent le «repas du Seigneur»

Après la Pentecôte, les disciples de Jésus se retrouvent souvent pour partager le «repas du Seigneur».
L'un d'eux prend du pain et du vin,
les bénit et redit les paroles de Jésus.

Ils ressentent alors une grande joie et trouvent la force d'aller annoncer la Bonne Nouvelle, car ils sentent que Jésus est présent au milieu d'eux.

Mais quel est ce repas qui nourrit bien plus que le corps?

Pentecôte

Cinquante jours après Pâques, les disciples de Jésus reçoivent une force. C'est l'Esprit de Dieu, ou Esprit saint. Il les pousse à aller annoncer au monde entier que Jésus est ressuscité et vivant pour toujours.

Bonne Nouvelle

En ressuscitant, Jésus gagne contre la mort. Nous aussi, nous sommes vivants pour toujours avec lui, et notre mort ne sera pas la fin de tout : elle sera un passage vers une vie nouvelle avec Dieu.

Aujourd'hui, les chrétiens se rassemblent

Depuis deux mille ans, les chrétiens se réunissent pour vivre le repas du Seigneur : ils remercient Dieu et se nourrissent de sa parole et de son pain.

Chez les catholiques, ce rassemblement s'appelle la messe. Quand nous allons à la messe, nous répondons à l'invitation de Dieu : il désire que ses enfants se retrouvent, tous ensemble, autour de lui.

La messe du dimanche a une place particulière dans la vie des chrétiens, car Jésus est ressuscité ce jour-là. D'ailleurs, en latin, dimanche veut dire « jour du Seigneur ».

Chez les autres chrétiens

Les protestants se rassemblent le dimanche au temple, pour le culte. Le cœur de ce rassemblement, c'est l'écoute de la parole de Dieu. Ils ne célèbrent pas toujours le repas de Jésus, qu'ils préfèrent appeler la cène.
Les orthodoxes se réunissent à l'église orthodoxe, où ils célèbrent chaque dimanche l'eucharistie.

Merci !

À la messe, beaucoup de chants
sont des façons de dire merci :
nous chantons « Gloire à Dieu »,
« Alléluia », « Hosanna » !
C'est parce que toute la messe
est un immense merci.
C'est d'ailleurs le sens
du mot « eucharistie ».

L'eucharistie, c'est le repas
des chrétiens.
Ce nom vient d'un mot grec
qui signifie « remercier ».
Quand nous célébrons l'eucharistie,
nous remercions Dieu
parce que son amour est plus fort
que le mal et la mort.

Dieu nous parle

À la messe, avant de partager le repas
du Seigneur, nous écoutons la parole de Dieu.

Jésus nourrissait les foules avec du pain,
mais aussi avec des paroles qui comblent le cœur.

Nous sommes comme ces foules :
pour vivre, nous avons besoin de manger,
mais aussi d'entendre des paroles d'amour.

Les paroles de Jésus nous mettent en appétit :
quand nous les écoutons, nous avons envie
de nous rapprocher encore plus de lui.
Alors vient le moment de partager
le repas du Seigneur…

« Prenez, mangez »

Lors de l'eucharistie, le prêtre dit : « Jésus prit le pain, rendit grâce, le rompit et le donna à ses disciples en disant : "Ceci est mon corps, livré pour vous." Puis il prit la coupe de vin, de nouveau rendit grâce et la donna à ses disciples en disant : "Ceci est mon sang versé pour vous. Faites cela en mémoire de moi." »

Le prêtre fait ces gestes et dit ces paroles au nom de Jésus. Ce n'est pas seulement une façon de se souvenir du dernier repas que le Christ a partagé avec ses apôtres : nous croyons qu'aujourd'hui Jésus se donne toujours à nous, dans un repas qui nous rassemble.

« Ceci est mon corps »
Cela ne veut pas dire : « C'est ma peau et le sang de mes veines », mais : « C'est moi tout entier, toute ma présence, tout mon amour. »

Hostie
En grec, hostie veut dire « victime ». On donne ce nom au pain de la communion parce que Jésus s'est offert pour nous en mourant sur la croix. L'hostie est un pain sans levain, qui rappelle le pain que les Hébreux ont mangé avant leur libération d'Égypte.

Pardon

Avant de partager le repas de Jésus,
nous nous faisons tout petits
pour demander pardon à Dieu.

Dans le *Notre Père*, nous disons :
« Pardonne-nous nos offenses
comme nous pardonnons aussi
à ceux qui nous ont offensés. »
Nous disons aussi : « Agneau de Dieu,
prends pitié de nous. »

Les péchés encombrent notre vie
et nous séparent de Dieu.
Mais, quand nous nous tournons
vers lui pour lui demander pardon,
il nous prend dans ses bras.
À présent, notre cœur est en paix,
nous sommes prêts à le recevoir…

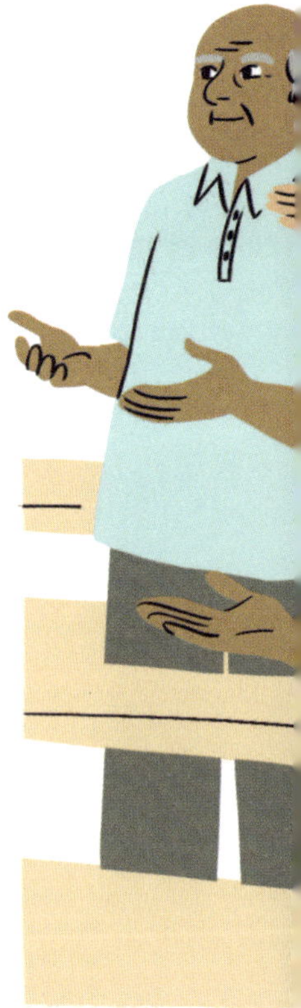

Agneau de Dieu

Traditionnellement, l'agneau est un animal de sacrifice qu'on tue et qu'on offre à Dieu pour le remercier de ses bienfaits. Celui qu'on appelle « Agneau de Dieu », c'est Jésus, car il se sacrifie en donnant sa vie pour nous.

Nous nous donnons la paix

Nous ne connaissons pas toujours ceux qui sont assis près de nous à la messe. Ce qui nous réunit, c'est l'invitation de Jésus. Il nous aime comme ses enfants et il veut que nous soyons unis. Pour que cela devienne possible, il nous donne sa paix.

À la messe, le prêtre redit les mots de Jésus : « Je vous laisse la paix, je vous donne ma paix… » Et il ajoute : « Donnez-vous la paix du Christ. »

Dans l'église, chacun se tourne vers ses voisins pour leur transmettre la paix par un baiser ou une poignée de main.

La paix du Christ

Cette paix, c'est Dieu qui la donne. En gagnant contre le mal et la mort, en nous promettant d'être présent pour toujours avec nous, Jésus nous donne une paix profonde et il nous demande de l'offrir aux autres.

Nous communions

Nous nous avançons pour recevoir
Jésus dans son pain.

Le pain de la communion nous permet d'être unis les uns aux autres et d'aimer à la manière de Jésus.

Les hosties, c'est comme un même pain partagé en plein de morceaux qui nous rend tous unis comme un seul corps.
C'est le sens du mot « communion ».

Amen

Le prêtre ou une personne de l'assemblée nous présente l'hostie en disant : « Le corps du Christ ». Nous répondons : « Amen ». Ce mot signifie en hébreu : « Oui, c'est vrai, je crois. Je crois que Jésus est vivant, qu'il me donne sa vie. Il s'unit à moi, il m'unit à mes frères. »

Dieu nous envoie

Après la communion, le prêtre nous dit :
« Allez dans la paix du Christ. »
Il nous envoie partager ce que nous venons de vivre.

Avant de partir, nous nous retrouvons sur le parvis de l'église. C'est l'occasion de rencontrer d'autres chrétiens, de sentir que nous faisons partie d'une grande famille.

Ensuite, nous repartons vers les autres pour leur porter la Bonne Nouvelle.
En paroles, en gestes et en sourires !

Tous ensemble
La messe est une rencontre, un partage. On n'est pas chrétien tout seul. Dans toutes ses paroles, tous ses actes, Jésus veut nous apprendre à nous aimer et à nous servir les uns les autres.

Messe
Ce mot vient du latin et veut dire « mission ». Après avoir reçu la parole de Dieu et le pain de Jésus, nous sommes envoyés pour partager avec les autres ces choses qui nourrissent notre vie.

Moi aussi, je voudrais communier

« Celui qui demeure en moi et en qui je demeure, celui-là donne beaucoup de fruits. »

(Évangile selon saint Jean, chapitre 15, verset 5)

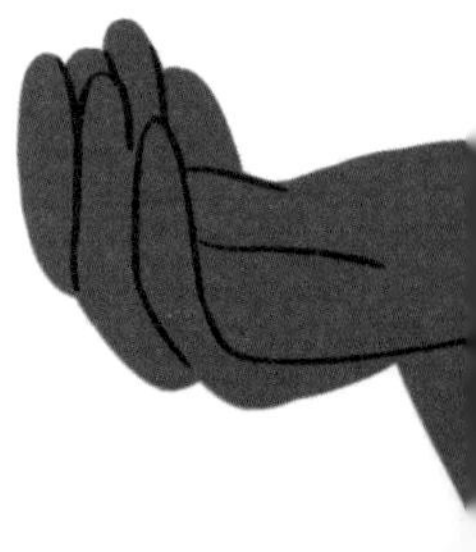

Je me prépare

À la messe, tu ne vas pas encore communier. Mais tu aimerais participer toi aussi à ce repas pour te sentir plus proche de Jésus.

Au catéchisme et avec ta famille, tu peux préparer ta première communion : en lisant l'Évangile, en posant des questions…
Petit à petit, tu vas découvrir quel est ce pain que Jésus te donne.

Première communion

Les catholiques font souvent leur première communion vers 9-10 ans. Chez les orthodoxes, on est bébé quand on communie pour la première fois, car cela a lieu le jour du baptême. Chez les protestants, on attend souvent d'être adulte pour communier la première fois.

Je communie pour la première fois

Aujourd'hui, c'est un jour de fête : tu as choisi de beaux vêtements et tes parents ont sûrement préparé un bon repas. Ta famille, tes amis sont venus pour t'entourer.

Pour tous les chrétiens c'est une fête, car tu vas te rapprocher un peu plus de Jésus.

Dans ce pain que tu vas recevoir, il est présent. Il te donne toute sa force et sa joie, pour aimer à sa manière. En communiant, tu deviens uni à tous les chrétiens : ensemble, nous formons le corps de Jésus Christ.

Au cours de ta vie, chaque communion fera grandir ton cœur et ton intelligence. En route !

Pour aller plus loin...

C'est quoi, un sacrement ?

Dieu, on ne peut pas le voir.
Mais il nous a laissé des signes visibles, palpables, pour que nous puissions le rencontrer et être sûrs qu'il est présent.
Un sacrement, ce sont des gestes, des paroles, faits par des hommes, mais qui viennent de Dieu.
Dans un sacrement, c'est Dieu en personne qui vient à nous.
Le premier des sacrements, c'est le baptême.

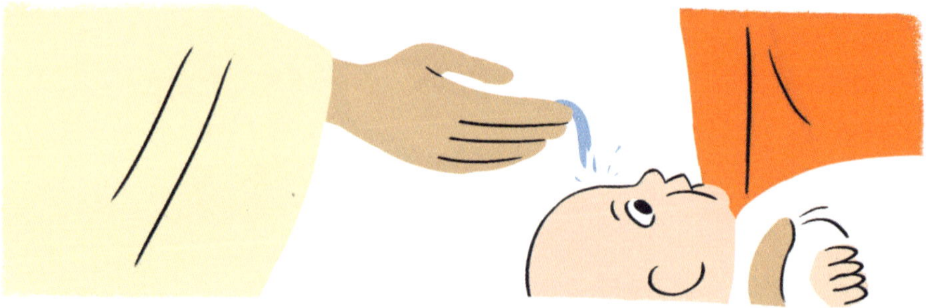

Pourquoi dit-on que la communion est un sacrement ?

Pour les catholiques, la communion est un signe de la présence de Jésus Christ. Dans le pain et le vin, il se rend présent à nous, comme il l'a dit. C'est pourquoi on dit que la communion est un sacrement.

Est-ce que le pain se transforme vraiment en corps ?

Quand Jésus dit : « Ceci est mon corps », cela veut dire qu'il donne toute sa vie, tout son amour, toute sa présence dans ce pain. Mais le pain reste du pain, il a un goût de pain très léger, sans levure.

Pour aller plus loin...

Qu'est-ce qu'on ressent quand on communie ?

On a l'impression de manger un peu de pain, tout simplement ! Communier ne donne pas de sensations étranges. Mais toi, tu sais que, dans ce pain, Jésus se donne à toi comme une nourriture qui fait aimer à sa manière. Dans le silence, tu peux prendre un moment pour le remercier.

Pourquoi on ne prend pas du vrai pain pour la communion ?

Le pain pour la communion s'appelle « hostie ». Il est fabriqué avec de la farine et de l'eau, mais sans levure, en souvenir du pain mangé par les Hébreux avant de quitter l'Égypte. Ce pain sans levure se conserve aussi plus facilement, il sèche moins vite que du pain classique.

Pourquoi on ne communie presque jamais au vin ?

Pour des raisons d'hygiène et d'organisation, il est rare de communier au sang du Christ, sauf pour la première communion ou la célébration du mariage. L'Église catholique dit que communier au pain suffit pour communier complètement.

Pour aller plus loin...

Pourquoi on attend avant de communier pour la première fois ?

Ce que Jésus nous dit sur le pain et le vin n'est pas simple à comprendre. Les apôtres eux-mêmes ont mis du temps à saisir le sens de tout cela. C'est pourquoi l'Église catholique dit qu'il faut du temps pour se préparer à communier.

Comment savoir si je suis prêt à faire ma première communion ?

Tu as peut-être peur de ne pas avoir tout compris sur le pain de la communion. Rassure-toi, tu as toute la vie pour découvrir comment la communion nourrit ton cœur. Si tu t'es préparé au catéchisme, et surtout si tu en as le désir, tu es sûrement prêt.

Comment doit-on communier ?

Lorsqu'on te tend l'hostie, tu peux former une coupe pour la recevoir en soutenant ta main gauche avec ta main droite. Puis tu la saisis avec ta main droite. Tu peux aussi ouvrir la bouche pour la recevoir directement. Mais le plus important, c'est que tu sois recueilli et que tu prennes ton temps pour faire ce geste.

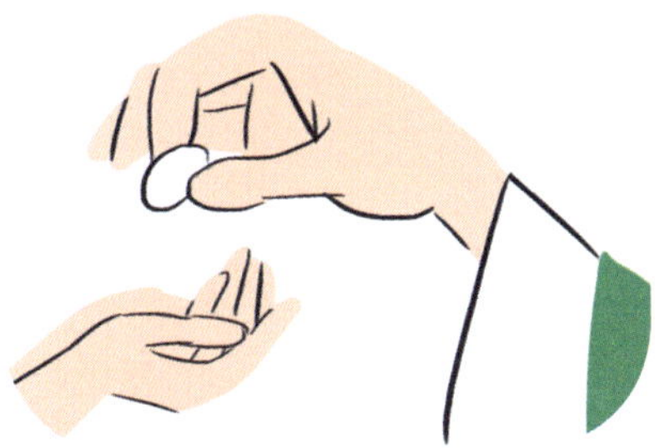